둥근 것을 보면 아프다

김남수 시집

상상인 시선 010
둥근 것을 보면 아프다

초판 1쇄 발행 | 2020년 7월 29일

지 은 이 | 김남수
펴 낸 곳 | 도서출판 상상인
북마스터 | 김유석 최지하 이선애 마경덕
뉴크리에이터 | 이만섭 진혜진
등록번호 | 제572-96-00959호
등록일자 | 2019년 6월 25일
주   소 | 06621 서울시 서초구 서초대로74길 29, 904호
전화번호 | 010-7371-1871
전자우편 | ssaangin@hanmail.net

ISBN 979-11-963625-9-1 (03810)

값 10,000원

* 이 책은 전부 또는 일부 내용을 재사용하려면 반드시 저작권자와 도서출판 상상인의 동의를 받아야 합니다.

* 이 도서의 국립중앙도서관 출판시도서목록(CIP)은 서지정보유통지원시스템 홈페이지(http://seoji.nl.go.kr)와 국가자료공동목록시스템(http://www.nl.go.kr/kolisnet)에서 이용하실 수 있습니다. (CIP제어번호 : 2020023943)

* 이 책은 2018년 아르코문학창작기금의 수혜를 받아 발간되었습니다.

둥근 것을 보면 아프다

* 저자의 의도에 따라 작품의 보조 동사와 합성 명사는 띄어쓰기가 달라질 수 있습니다.

* 본문 페이지에서 한 연이 첫 번째 행에서 시작될 때에는 〈 표기를 합니다.

추천의 말

 그는 2008년 평화신문 신춘문예로 당선한 쟁쟁한 신인이었는데도, 이듬해 계간시지 『시안』 신인상을 받으면서 다시 등단한 이채로운 과정을 거친 시인이다. '등단'이라는 과정은 고통과 환희가 빛의 속도로 질주하는 절대 암흑이다. 그는 이 암흑을 통과한, 오늘도 다시 그 앞에 홀로 서 있는 듯 절망하고 또 절망한다. 그리하여 마침내 김남수는 다른 시인과는 견줄 수 없는 아주 독특한 그만의 시세계를 형성하고 있다.

 이번 시집 『둥근 것을 보면 아프다』를 읽으면서 나는 김남수 시인만이 지닌 아주 독특한 시창작의 원근법을 새삼 눈치챘는데, 곰곰 생각해보니 이건 이미 먼저께 낸 첫 시집 『장미가 고요하다』때부터 그랬다는 걸 깨닫고 놀랐다. 그의 시는 일종의 '미적 거리'라는 기법에 거의 온전하게 몰두하고 있다. 주체와 객체, 자아와 세계가 알맞은 거리와 높이에서 상응하면서 서정적 눈물겨움의 갈피마다 숨어있는 서사적 구성의 묘미도 쏠쏠하다. 김남수의 시적 자서전이라 할 수 있겠다.

 〈

망각의 그늘로 사라진 풍경들, 하루의 노동을 끝내고 헛간 시렁에 걸어둔 다 닳은 호미, 새침데기 처녀, 판소리하는 총각, 아니, 그보다는 차라리 강물로 돌아간 어린 남동생 저승의 목소리도 울려오고, '남순'에서 ㄴ을 빼버리고 '남수'라는 남자 이름을 달아준 엉뚱한 외삼촌의 달무리 같은 사랑도 다 잘 보인다.

  웅장한 어조로 대하소설의 이야기꽃을 피우는척하다가 곧바로 오밀조밀하게 자디잔 재미가 눈웃음치는 작품들은 문법도 장르도 몰각하는 요즘의 시단에서는 가히 일품, 그 자체가 아닐 수 없다.

오탁번 (시인·고려대 명예교수)

시인의 말

내가 가는 먼 길을 위해 꽃잎 한 장 손목에 걸어 주었습니다.

2020년 7월 김남수

■ 차 례

1부

무아섬	021
사과의 완성	022
노을, 베란다, 비둘기호	024
유리벽을 건너지 못하는 풍경	026
구름을 수선하다	027
찔레네 파밭에 들러야 하는 이유	028
아버지와 자운영	030
청단풍의 시간	032
그 집에 도착했다	033
둥근 울음	034
유리병에 두 아이를 심었어요,	035
계장님댁 간장게장	036
저수지가 집을 끌어당길 때	038
J는 웃었다	040

2부

너에게 가는 길 045
느린 우체국 046
발자국 편지 048
그늘 049
뭍섬에서 050
느티나무를 기억하는 저녁 무렵 051
춤추는 야간 신전 052
다시, 목련에게 054
물이랑이 들려주는 말 055
여름밤의 비밀 056
구절초 동문회 058
길곳간 060
길이 길을 간다 061
엉아꽃 062
삼례를 떠나와서 삼례를 생각한다 064

3부

모과의 표정	069
산딸나무 초대장	070
망초꽃 다시 읽다	072
잠시 후 평택역에 도착하겠습니다	073
장미가 고요하다	074
자드락길	076
수련	078
그때, 쑥국새가 울었다	079
또 오너라 꽃아	080
문병	081
마늘 60평으로 이사를 가다	082
바람 같은 나무 같은	084
그 대추나무를 생각함	085
항아리 살리기	086
구수매 소식	088

4부

정오의 귀엣말	093
비행기 두 대가 더 지나갔다	094
화살나무 숲을 지나오다	096
그리고 U는 사진을 찍었다	098
그 집	100
목련나무 사생활	101
우물은 아버지의 제단이었을까	102
산나리 방문기	104
새들의 도서관	105
은내리 청년회	106
기억은 꽃무리를 따라가고	108
어느 날, 왕십리역	109
손거울 나라	110
너는 맨 처음 나무였지	112
우리들의 수박	114

해설 _ 박남희(시인·문학평론가)　　117
집과 길이 지향하는 토포스와 아토포스

1부

무아섬

길없음 ⇒
나를 통과시키지 않겠다고 붉은 이정표가 고딕체로 누워있는
  길 없는 길을 건너가면

  무아에 닿을 수 있을까
  거기 내가 있을까
  무아야무아야 부르면 대답해 줄까

  누구는 가는 길이 없다 하고 누구는 돌아오는 길이 없다 하고

  한 걸음 다가서면 한 걸음 물러서고 다시 가면 저만치 멀어지는 섬, 놓고 온 시간들이 밀려왔다 밀려가는 그곳

  무아가 살고 있을까

  아득한 안개 뒤편

사과의 완성

둥근 것을 보면 아프다

예리한 칼날이 사과를 둘로 자를 때
나는 베어지고 다시,
넷으로 여덟으로 자를 때
나는 깊숙이 베어지고 사과는 둥글게 젖는다

그것이 사과의 완성이라고 일러준 아버지, 누군가 사과를 자르는 아침이면 집으로 돌아왔다

멀리서도 소름이 돋는다고 했다

그런 날이면
지금은 멀리 있는 결코 멀지 않은 곳에 있는 아버지의 집에서 종소리가 걸어 나왔다
주머니 가득 데려온 소리들 더러는 허물어지고 더러는 여물어 가던

오늘도 사과를 자른다

〈
넷으로 여덟으로 사과는 완성된다

나는 자꾸 잃는다

노을, 베란다, 비둘기호

*

노을 한 상자를 택배로 받았다
뒷 베란다에 신문지를 펴고 널었다
저 집은 너무 빨갛잖아요 창 밖 은행나무들이 소리쳤다

*

베란다 봉숭아 씨주머니가 가을날을 쏘아 올렸다
골목은 가던 길을 멈추고
봉숭아 빛 첫 키스의 설렘에 발이 빠졌다

*

영구임대 508호 베란다에서 노을 한 자루가 뛰어내렸다
119구급차가 다녀가고 곧바로 방역차가 달려와서
어제를 깨끗이 청소했다
처음에 쓰레기 자루인 줄 알았다고 아파트가 발을 굴렀다

*

3단지 관리소를 지나면 공터가 나왔다
칸나네 공터에서 칸나의 허락도 없이 불길이 솟아올랐다

죽음의 냄새가 구수하면 슬프잖아요
빗방울이 뛰어내렸지만 불평 없이
타들어갔다

*

금동아금동아! 불렀지만 뒤돌아보지 않고 달려나갔다
 글자도 모르는 금동이가 컹컹 노을을 따라갔다고 관리사무소에 연일 가출신고가 들어왔다

*

 비둘기호 마지막 기차가 떠나고 방전된 휴대폰이 접수되었다

유리벽을 건너지 못하는 풍경

못 본 지 오래됐다 하고
아직 살아있을 거라 하고

문득 혼자 도착한 고란사 절벽 틈, 아득한 그 집엔 독경소리 푸석푸석 다녀가고

한 해 한 톨 까만 햇살이 등에 업고 아침 예불로 마음 씻던 청정한 자태 간 곳 없고

고란정皐蘭井 먼지 낀 유리관에 갇혀 시름시름 앓고 있는 낯익은 고란초˚

그늘 한 뼘 물그림자 한 홉이 전부이던 절벽 위 그 집 어느 아찔한 손이 이곳까지 끌어내렸을까

절집 애닮은 풍경소리도 유리벽을 건너지 못하고

타들어가는 목젖으로 왁자한 발자국 소리만 다녀가고

* 그늘진 바위틈이나 낭떠러지에서 자라는 희귀식물

구름을 수선하다

기울어진 습관을 가윗밥으로 처리해요

척추 5번과 4번 사이 수상한 구름 한 점 걸쳐있다고
고주파를 쏘고 물리치료실 드나들던 날들
불길한 예감을 잘라내요

손끝에 감기는 검은 기억들
뜬구름 헛소문이라고 뒤돌아보지 않던 날들
모조리 불러내어 마름질해요

소리 없이 흘러들었다고 글썽이던 새벽
짙고 옅은 후회들
흐트러진 이랑을 공그르기 해요

그러니까
당신과 너무 멀리 있다고
보이지 않는다고

외면했던 시선을 마주 보려 해요

온전한 몸 한 벌 짓기 위해

찔레네 파밭에 들러야 하는 이유

자드락길이 살고 있네

 안동⇔풍산 팻말을 들고 서 있는 간이정거장을 가리키며 막차는 6시 30분에 오는데 더러는 10분에도 오고 40분에도 온다고 하네

 들쭉날쭉 놓치기라도 하면 어떡하냐고 투덜거리자 리어카든 딸딸이든 바퀴가 굴러오면 손 들라하네

 그래도 그렇지, 환한 대낮에 무슨 막차냐고 8시쯤 버스 한 대 더 오면 좋겠다고 궁시렁거리자

 오늘 밤 청년회 소집하여 자드락길을 높이 매달겠으니 묵어가라며 등짐을 풀어주네

 어느새 **지칭개고들빼기가위쑴바퀴산미나리아재엉겅퀴**
청년회소속 회원들이 무더기로 올라오네

 오랜만에 오셨으니 청년회도 참석하고 숲속 찔레네 파밭에 들러 쪽파 한 단이라도 묶어 가라며 앞을 가로막네

〈
열 손가락에 자드락자드락 초록물 올라오네

아버지와 자운영

성당 입구 낯익은 구두 한 짝이 비에 젖고 있다

청맹과니 삼촌은
자운영꽃이 흐드러져도 눈만 껌벅이더니 헛간 젖먹이 염소를 앞세우고 꽃길을 따라가더니

염소 울음만 돌아왔다

해마다 닷 마지기 논에 자운영은 촘촘히 피어나 꽃파문 일렁이는데

어린 염소가 해거름을 울어도 삼촌은 오지 않고 아버지의 쟁기는 뒤를 돌아보며 자운영을 갈아엎고

풀밭에 넘어진 외짝의 슬픔도 갈아엎어야 했는데

저 낡은 구두, 앞 못 보는 사내는 낯선 도시를 몇 바퀴 헤매다 돌아왔을까

젖은 발로는 돌아갈 수 없다고

마지막 고해성사를 치르듯 성당 입구에 엎드려 흠뻑 젖고 있다

누구세요누구세요

가만가만 다가서자 무너진 뒤축이 울컥 돌아눕는다

청단풍의 시간

저녁 식탁은 너를 보내자고 긴급회의를 열었네

나는 아직 보낼 준비가 덜된 것에 대해, 너를 위한 목백일홍의 오랜 기다림에 대해 담 너머 이야기를 들려주었네

잘려나간 시간이 봄을 데려올 때까지 앓아누웠네 백약이 소용없는 날들 곁에서 밤마다 찾아오는 통증을 아무도 모르게 다스렸네

계절이 너를 부를 때마다 한 그루 나무로 서서 안간힘으로 푸르렀네 겹겹 고요를 열고 들어가 한 계절 건너가는 너를 속수무책 바라보며 늙어갔네

괜찮아 괜찮아

아픈 말들만 칭칭 동여맸네

그 집에 도착했다

다리를 건넜다

징검다리를 건널 때 바람의 허리를 밟았다 어쩔 수 없다고 죄송죄송 몸을 움츠렸지만 바람은 자꾸 울었다 뼈 없는 울음소리 앞세우고 해 질 녘 도착한 변두리 옥탑방 초저녁 머리 위에 떠 있는 조각달처럼 아슬하다 구겨진 운동화 한 켤레가 지키고 있는 현관, 깊숙이 타 들어가는 생각 한 개비를 비벼 꺼도 방문은 열릴 줄 모르고

창가에 줄지어 서 있는 빈 술병에서 걸어 나오는 어눌한 목소리

저 소리 해석할 수 없어 닫힌 방문 앞 서성이는데 휙, 휙, 원고 집어던지는 소리 구겨지는 소리

신발장 위 철골소심에서 푸른 시 한 축 올라오고 있었다

둥근 울음

독곶리 돌밭해변에서 돌들이 우는 것을 보았습니다

울 때마다 모서리가 지워지는 둥근 울음 해넘이 수평선이 물끄러미 바라보다 끄덕이며 끄덕이며 돌아섰습니다

저물녘이면 갯바위에 나앉아 속살을 적시던 사람 풀어놓은 슬픔도 바위 아래 스며들어 모서리를 지웠을까요

가끔 파도를 앞세우고 마을 입구까지 내려갔다 혼자 돌아오는 맨살 울음

돌, 돌, 돌,

저렇게 울다간 사람이 있었습니다

유리병에 두 아이를 심었어요

 유리병에 나무와 나를 심어놓고 엄마는 더 큰 유리병을 찾아 떠났어요 영이야, 동생을 살랑살랑 흔들며 키가 자라거라 붉은 햇덩이 하나 손목에 걸어주고 엄마는 떠났어요

 유리병에 누나와 나를 심어놓고 엄마는 더 큰 유리병을 찾아 떠났어요 나무야, 누나를 매달고 한 눈 팔지 말거라 푸른 파도 한 덩이 발목에 걸어주고 엄마는 떠났어요

 유리병은 무럭무럭 금이 가고 우리는 키가 자랐어요 금 간 틈으로 아이들이 열 손가락을 뽑아 푸푸 불었어요 빨강 파랑 풍선들이 마구 뛰어다녔어요 어둠이 오고 골목은 펑펑 터지고 아침이 오면 거짓말처럼 열 손가락이 다시 돋아났어요 그때마다 팔다리가 야위어 갔어요 우리들이 조금씩 지워졌어요

 유리병에 두 아이를 심어놓고
 엄마는 어디에도 없고 어디에도 있는 집채만 한 유리병을 찾아 멀리 떠났어요

게장님댁* 간장게장

윗사람 부르듯 정중하게 게장님! 그렇게 불러주는 사람이 있다 하자 대답하지 않는다는 걸 알면서도

간장게장이거나 양념게장이거나

그 집을 찾아가 간장게장을 먹으며 생각한다

대천에서 서울까지 펄펄 뛰는 녀석들을 비닐봉지로 들숨날숨 묶어 야간열차 선반에 던져놓고

나는 음악을 듣고 눈을 붙이고

집에 도착하자 살아 있을 때 담가야 제맛 난다고 설설 도망치는 목숨을 항아리에 돌로 눌러 간장을 들이붓고 한 호흡도 걸어 나오지 말라고 뚜껑을 꽉 닫고

그래도 양심 한 가닥 꿈틀거려 미안하다 한 번만 봐 다오 그럴싸한 당부로 입구를 봉했는데

게의 입장에서 보면 사람이나 게나 똑같이 산목숨인데

⟨

　꽃게철 가기 전 한 번 더 맛보겠다고 수산시장을 슬쩍 다녀오고 다시는 이런 짓 안 할게 단단한 약속을 쏟아부었는데

　오늘 다시 게장을 먹는다
　짭짤한 약속을 아릿하게 찢어먹으며 게장님! 입술을 달싹거리자 집게발이 튀어나와 가윗날을 세운다

　허튼 약속을 싹둑 자른다

＊ 천왕동에 있는 꽃게요리 전문점

저수지가 집을 끌어당길 때

빈집이 여기 있네

누군가 버리고 간 계절을 껴안고 살아가네

익어가는 계절을 한 잎 두 잎 꺼내 읽으며 나도 빈집으로 살고 싶네

사립문 밖 저수지 몇 평 내 안에 들이고 쌀붕어 가족 키우고 싶네

집이 저수지를 저수지가 집을 끌어당길 때 슬며시 따라가면 밤마다 저수지로 내려가 목을 축이고 돌아오는 빈집의 소문

발 디딘 자리마다 출렁이겠네

저수지가 식솔들 먹여 살리려고 부지런히 한 해 농사를 짓고 있네

가을이면 대소쿠리로 퍼주는 양식

〈
낚시꾼 앉았다 떠난 자리에 빈집을 앉히고 깊어가네

J는 웃었다

나는 붉은색 배낭을 메고 걸었다
J는 빈손이었다
빈손에서 5시 40분 기차표가 바스락거렸고 도란거리는 소리는 우리 쪽으로 걸어 나오고 있었다

나무계단을 몇 개 내려가고 작은 도랑을 건넜다
겨울이 문 밖을 서성이는 비닐하우스 한 채 닫혀 있었다
겨울상추가 혼자 싱싱해서 서글프다는 생각이 걸음을 옮겼다

서둘러 겉옷 벗어던지고 떠난 추풍령 고랭지 배추밭

J는 첫눈이 올 거라며 하늘을 바라보았다
나는 땅거미가 내려올 거라며 버려진 몇 잎 들추자 애기벌레를 품고 도란도란 혼자 남은 한 포기와 마주쳤다

J에게 물었다
네가 배추라면 데려가는 게 좋아, 버리고 가는 게 좋아
대답도 하기 전 얼른 배추를 안았다 애기벌레가 놀라지 않도록 잎을 안으로 오므려 주었다

〈
지금 제정신이야!
J가 기차표를 흔들었지만 비닐봉지에 배추벌레 숨구멍도 콕콕 뚫었다

J는 자꾸 웃었다
나는 웃지 않았다

2부

너에게 가는 길

새가 사선으로 날아오를 때 깃털 하나 다치지 않는 것은

공중이 열려있기 때문

꽃이 파도처럼 피어날 때 꽃잎 한 장 금 가지 않는 것은

계절이 열려있기 때문

강이 쉬지 않고 달려 나갈 때 발가락 하나 부르트지 않는 것은

바다가 열려있기 때문

느린 우체국

  시월로 가는 간이역에서 느린 우체국을 만났습니다

  빨간 외발에 기대어 가을과 차 한 잔 나누는 사이 단풍나무가 엽서 한 장을 놓고 갔습니다

  작년 이맘때 상수리 숲 청설모 겨울 양식 몇 톨 덜어낸 일이 생각나는 계절인데 그걸 눈치챈 나무가 슬그머니 놓고 갔습니다

  나는 깨알 같은 글씨로 엽서를 메우기 시작했습니다

  허락도 없이 덜어낸 양식, 이웃마을까지 탁발을 다녀왔을 눈길을 생각한다고

  때늦은 후회 몇 줄 담는 사이 가을은 닫히고 손도장으로 엽서를 봉하고 서둘러 집으로 돌아왔습니다

  삼백예순 날을 걸어야 수취인에게 닿는 엽서 한 장에 나를 내려놓고 뒤돌아보지 않고 달려왔습니다

〈

  그날부터 낯선 간이역이 작은 우체국 한 칸을 싣고 밤마다 찾아옵니다

  내려놓고 온 나는 보이지 않고 빈 엽서 한 장 우두커니 앉아있습니다

발자국 편지

사방이 열려 있는
계절이 노크도 없이 들어와 익어가는
노루 토끼 아침저녁 들락거리는

큰 눈 치운 겨울밤
쪽잠 다치지 않을까 뒤꿈치 들고 다녀간 노루의 허방 짚은 아침

죄송죄송 발자국 편지를 읽는

대문을 떼어낸 자리
5일장 골목마다 머리 조아리며 받아 온 푸성귀 몇 줌 내어놓는

사방이 길이고 문인 그런 집이 되고 싶다

산간 마을 어디쯤 살고 있을,

그늘

바라보면 끝없는 갈대밭이어서

꽃은 피어서

뒤돌아보면 천지가 꽃그늘이어서

그늘은 여물어서

나도 저 그늘 아래 순정하게 여물고 싶어서

뭍섬에서

그곳에 도착했다

몇몇은 주섬주섬 길을 챙겨 돌아갈 채비를 서두르고 남은 사람들은 제 몸무늬를 두르고 새벽을 기다렸다

무늬마다 바람소리 파도소리 묻어 있다

산다는 게 제 몸에 무늬 한 점 수놓는 일인지 내 몸에서도 물결소리 들린다

길안내로 따라나선 바람은 앞장설 기미가 보이지 않아 등받이 없는 의자에 마주 앉아 바다의 속살에 젖고 있을 때

어둠 너머 해당화 붉은 바람이 건너왔다

내일쯤 어느 먼바다에 섬으로 닿고 싶은 것일까

멀리 외등대 불씨가 파종한 꽃섬 비단섬 옥섬 칸칸 정박한 집 뭍섬에서 우리는 각자 들고 온 길을 내려놓고

하나의 섬이 되어 가고 있었다

느티를 기억하는 저녁 무렵

느티가 베어졌다

간단한 봉합수술처럼 흙이 마지막 모습을 지웠다

저만치 지켜보던 대추나무가 붉게 여문 가을날을 뚝,뚝 떨군다

수취인 부재중 택배를 그늘에 보관하고
늦은 귀갓길 내 손목 잡아주던 스무 해는 가고

산달 꽉 찬 어미고양이를 푸른 잎으로 보듬어주던 온기와 순산한 어미가 말끔하게 주변을 정리하고 떠났다고

가지마다 내걸던 순한 입소문을 기억하는 저녁 무렵

느티가 서 있던 자리
그의 안부는 멀어지고

네 바퀴가 불을 켠 채 들어선다

춤추는 야간 신전

그리고
낡은 짐수레 하나가 전부라고 했다

남자의 집 한 채가 네 바퀴에 실려간다
붉은 깃발 하나 꽂고

저 집을 신전이라 부르겠다

춤추는 야간 신전!

삶은 올라갈 때보다 내려올 때 아찔하다고 남자의 양 팔이 불끈 솟아오르자 덜컹거리는 신전에서 붉은 깃발이 펄럭였다

날개 부러진 선풍기 나를 벗어놓고 떠난 털장화도 붉은 끈으로 묶여 골목에 어둠을 풀어놓는다

어둑사니에만 움직이는 리어카고물상

반세기만의 적설량이라고

자정을 근심하던 곰달래 골목에서 언덕배기를 내려오는 붉은 짐수레를 먼 기억의 상엿집으로 읽고 움찔 물러서다

  뒤돌아보니 남자는 흠집투성이 고물들을 털장화님선풍기님소주병님⋯ 하나하나 신의 호칭 같은 이름을 불러주고 있었다

  세상 낮은 곳에 납작 엎드렸던 저것들에게

다시, 목련에게

당신을 사랑하기엔
서른의 나이도 아팠습니다

이제 다시

당신을 사랑하기엔
두 번째 서른의 나이도 아프다고…

꽃그늘에 기대어 하얗게 앓겠습니다

마음이 다 질 때까지

물이랑이 들려주는 말

저녁놀이 다녀가는 물가

관절 내려앉은 빈 의자가 누군가 흘리고 간 이야기를 껴안고 저물어가네

버드나무 그늘이 마을로 내려가 빈집을 데려오네

그늘 아래 벗어놓은 안부를 엮으며 깊어가네

찰방찰방 물소리가 저만치 혼자 서 있는 목화밭을 밤마다 다녀오네

송이마다 물소리 묻어있네

가을이 닫히던 날 물가를 서성거린 사람 뒷모습을 물이랑이 들려주네

저녁놀이 앉았다 가는 아득한 그 물가

여름밤의 비밀

  앞마당 환한 달빛이 뜨락에 올라서자 창호지문 마른 꽃잎이 바스락거렸다

  자정은 향에 불을 붙이고

  어머니는 부엌에서 소반에 탕 한 그릇을 담고 있었다

  축문도 위패도 없는 어린 외아들 기일

  적막이 차례로 다녀가도 어머니의 소반은 달그락 소리만 맴돌고
  켜켜로 쌓인 침묵이 입을 열었다

  - 언니, 나는 알고 있어

  가늘게 떨리던 언니의 등이 가만히 돌아앉았다

  - 막내야, 어머니도 알고 계셔

  오늘 밤 자정에도 천하다리 강가에서 앳된 울음이 걸어

나올까

　두 번째 스무 해가 다녀갔어도 그 강의 비밀을 열지 않았다

　젖은 침묵을 달빛이 읽고 가는지

　사립문 밖 여름밤을 울던 풀벌레

　애기박꽃 하얗게 몸서리치며 담을 넘어오고 있었다

구절초 동문회

일시 : 구절면사무소 앞 플라타너스가 제일 푸른 날 정오
장소 : 구절면사무소 2층 대강당

엽서가 도착했다
쑥부쟁이 당부도 묻어왔다
올해는 하룻밤 묵어가라고

구절면이 와자하게 피어나겠다
산구절초 면장이 마이크를 잡고
오늘 우리 면사무소 임시 휴일입니다

바위구절초 이장도 마이크를 잡고
저 너머 쑥부쟁이 민박이 여러분 내려온다고 수리를 했습니다
흐드러지게 피어봅시다

우리는 산 중턱 쑥부쟁이 민박 창가에 서서 밤하늘을 바라보겠다

약재로 뽑혀나간 산구절초 동문들

정원 도우미로 실려나간 바위구절초 동문들

수취인 불명으로 되돌아온 이름을 하나하나 불러보겠다

길곳간

가을이 지나가는 길섶에서 길참외 한 포기를 만난다

벌레가족 식사가 한창이다

온몸이 흠집투성이다

저들의 양식을 위해 혼자 익어간 길곳간 한 채

가을은 곳간에 자물쇠를 채우지 않고 간다

길이 길을 간다

큰길이 작은 길을 업고 간다

길은 길을 뿌리치지 않고 사잇길도 데리고 간다

가끔 가던 길을 멈추고 뒤를 돌아본다

절뚝절뚝 주저앉은 길을 기다려준다

그때마다 더 환하고 부드럽게 익어가는 길

잃어버린 길 다시 찾은 길을 손잡고 간다

엉아*꽃

막내야,
엉아집에 봉숭아랑 맨드라미 피었는데
응, 엉아 -

뒷산에 구절초 피었는데
응, 엉아 -

이제 동백꽃도 피었는데
응, 엉아 -

수화기 너머로 배달되던 계절

꽃 투정으로만 읽었습니다

그렇게 피었다 홀로 지던 당신

보내주신 계절을 다 써 버리고 그곳에 도착했을 때

엉아꽃은 지고 없었습니다

〈
빈집 하나 우두커니 서 있습니다

* 언니의 충청도 사투리

삼례를 떠나와서 삼례를 생각한다

삼례가하오라를낳았을까하오라가삼례를낳았을까그것은닭에서알이나왔을까알에서닭이나왔을까를캐묻는 방식이어서

삼례는 삼례일 뿐이고 하오라는 하오라일 뿐이라는 생각이어서

어느 쪽에도 마음을 두지 않았지만 나도 당신도 아득한 하오라가 될 수 있다는 생각이어서

삼례를 떠나와서 치매노인 하오라를 생각한다

어느 날, *우리애기빠졌어요살려주세요살려주세요* 맨홀 뚜껑 여닫는 소리가 우리를 불러 세운다면 나도 당신도 아득한 하오라가 될 수 있다는 생각이어서

119나 112는 아무렇지도 않게 하오라가 맞나요 되묻고 돌아가는 방식이어서

뚜껑을 열어보면 하오라씨 어제가 둥둥 떠다닌다는 소문이어서

3부

모과의 표정

모과 한 알 대숲에 들었다

숲 뒤켠 철조망 너머 모과향이 살고 있다는 바람의 입소문이 몇 번 다녀갔지만

먼 길을 혼자 걸어왔을 거라는 생각

그때 철조망도 어둠을 틈타 빗장을 풀고 숲도 몸을 열었을 것이다

꽃 진 자리 딱딱하게 굳어가는 표정을 숲이 업어주고 지나가던 바람이 다독거리자 울컥 토해내는 마지막 향기

부고장 같은 향기 한 줌 물고 새 한 마리 철조망 너머로 사라진다

댓잎을 적시는 빗방울도 뒤꿈치를 든다

산딸나무 초대장

산딸나무 모녀가 패랭이마을 변두리에 앉은뱅이 서점을 개업했다고

오는 주말 시낭송회를 개최하니 2부 순서에 초대 손님으로 오시어 시 한 편 낭송하라고 간절한 사연이 도착했습니다

비둘기호 기차표도 한 장 따라왔습니다

주말 아침 윗뜸 상수리 청년이 달려와 어찌나 재촉을 하던지 갈잎 주먹밥 한 덩이 허리춤에 매달고 무작정 기차에 올랐습니다

철없는 코스모스도 무임승차했습니다

계절마다 1회 운행하는 완행이 벌개미취 간이역에 닿자 철로가에 올라온 낯익은 얼굴들이 일일이 악수를 청하는지라 한나절을 다 써버리고 도착했습니다

목을 길게 뽑고 기다리던 2부 순서가 나를 호명하자마자

눈치 빠른 보면대가 정성껏 도와주는 바람에

  편지를 부치러 읍내로 나갈 일 있겠나 지천으로 배달된 이슬 한 장 슭아다 반짝 우표 붙이고 귀뚜라미 울음 척척 문질러 봉하는 거야

  막힘없이 내려가자 먼 산골마을에 가을이 깊어가고 우리는 풀벌레 울음소리 데리러 가을 속으로 달려갔습니다

  마지막까지 자리를 빛내 주던 엉겅퀴마을 바람개비들이 설움을 돌리면 기쁨이 된다고 장담해쌓더니 오늘을 빙글빙글 돌리기 시작했습니다

  잘 익은 산딸나무가 볼 붉은 산딸 한 광주리 이고 달려왔습니다

망초꽃 다시 읽다

앞산 뻐꾸기 대낮에 울어대는 것
도랑 물줄기 쉬지 않고 흐르는 것
둑방길 구두 한 짝 흠뻑 젖는 것

거기, 그녀가 피어있기 때문

온종일 곁을 맴돌아도 혼자 흔들렸다

비 그친 오후에 읍내를 다녀와야겠다

순백의 드레스 한 벌
노란 꽃무늬 구두 한 켤레 사 와야겠다

맨발로 흔들리는

그녀를 위해

잠시 후 평택역에 도착하겠습니다

안내방송이 흐르자

마음이 먼저 그 역에 닿았습니다

환영처럼 그곳에 당신이 서 있습니다

산다는 게 서툴기만 해서 그리움은 여밀수록 주름만 지고

아무 일 없는 것처럼 창밖엔 다시 가을이 오고

나는 기차를 타고 평택역을 지나갑니다

장미가 고요하다*

212g의 고요 한 권에 집 한 채 들였어요

뒤꿈치 들고 적막을 다듬을 때 산수유가 달려 나와 고요를 닫아주지 않았다면 헛발을 디뎌 집이 깨질 뻔했어요

이엉을 올리던 날 아침 지나가던 높새바람이 경력을 풀어놓고 가서 나팔꽃이 입 다물고 서까래로 올라가 주었고요

자작리가 어미고양이 몸 푸는 시각이랑 아침이슬을 수레 가득 싣고 와 마당귀 여며 줘서 처마 밑 제비 울음도 다치지 않게 숨아냈고요

오동은 간이우체국 팻말을 들고 있다 제목을 동여매면 기억의 주소지로 빠르게 발송했고요

가끔 반송되어 오는 고요도 몇 채 있었지만 그때마다 장미가 돌아온 길을 수선해줘서 재발송은 수월했는데요

누군가의 서가에 잘 마른 꽃다발로 오래 걸려있기를

바랬는데요 오늘 아침 산까치가 삐걱이는 문장 한 타래
끌고 와

   깍깍 울어대는 소리,

* 첫 시집 제목

자드락길

자드락길이 마을 쪽으로 가고 있다

한 자드락에 들깨밭을 일구고
한 자드락에 땅콩밭을 일구고

올해 농사도 닷 되 한 홉은 될 거라며 따라나선 환삼덩굴이 귀띔을 한다

길에게 물었다

깻잎 서너 장 엽서로 접어가도 되겠냐고
땅콩 서너 알 손톱달로 엮어가도 되겠냐고

깻잎을 따는데 미안한 생각이 들어 여기 파랗게 혼자 있으니 외롭지 말을 건넸다

땅콩밭을 지날 때 눈치 빠른 덩굴손이 얼른 한 포기를 일으켜 세웠다 올망졸망 올라오는 어린 땅콩알들

아니야아니야, 가을에 다시 올게 덜 여문 약속을 흙속에

묻어주었다

 맨 처음 길을 열어주는 이에게 한 해 농사 다 내어주고
업은 길 추스르며 마을 쪽으로 올라가는 산모롱이 외길

 저녁연기가 자드락자드락 마중 나오고 있었다

수련

잠 속 물궁전 한 채

물문을 열고 들어가네 물방석 위 다소곳한 잠을 보네 젖은 목소리로 너를 부르면 잠을 털고 물 위를 걸어 나오네 정오의 사이렌이 울고 맨발의 네가 혼례청에 들어서네

정오의 신부야
칠월의 꽃각시야

하루 같은 닷새를 피고 닷새 같은 하루를 피고 우리들의 꽃잠도 피었다 지네 돌아보면 신부는 가고

물 위 꽃신 한 켤레 떠 있네

그때, 쑥국새가 울었다

그늘 한 평 닿는 곳 거기까지가 전부라 했다

작년엔 왼쪽 발치에 포도밭을 경작했는데 이랑마다 포도송이 환하게 익어갔지만 찾아오는 이 없었다고

올해는 그 자리 땅콩밭을 일궜는데 푸른 잎 사이로 주렁주렁 고소한 냄새 올라오고 있으니 가을에 한 번 다녀가라고

그때 어깨너머 쑥국새가 울었다

하루도 쉬지 않고 목청을 돋우는 노랫소리, 청설모 겨울 양식이 여물어 간다고

사립문 밖 울타리수세미가 수고비 한 닢 받지 않고 싱싱한 그늘을 온 산에 퍼 나른다고 둑방길 같은 이야기를 들려주었다

돌아보니 거기, 흰말채나무 한 그루

아버지가 하얗게 서 있었다

또 오너라 꽃아

새벽 창가 영산홍 한 송이 피었습니다
깨진 플라스틱 화분에서 기어이 한 송이 올라왔습니다

오랜 병석에서 거실 창가까지
무릎걸음으로 나오신 어머니가 떨리는 손으로 어루만지며

"또 오너라 꽃아, 그래그래 내년에 또 오너라"

그 창가
영산홍만 홀로 피었습니다

문병

창밖 청단풍 한 그루 서 있다

거실 붙박이 침대 위 L이 누워있다
나무는 L을 바라보고 L은 나무를 바라보며 계절을 건너왔다

내년에도 L이 저 나무를 볼 수 있을까

큰 길가로 나와 택시를 잡았다
서울로 가주세요

의아한 눈초리로 힐끔 백미러를 보던 기사가 입을 열었다

겨울이 다시 오나 봐요
꽃샘추위가 대단하지요

뒷좌석 깊숙이 얼굴을 묻은 나는 아무 말도 하지 않았다

마늘 60평으로 이사를 가다

 오십일 된 마늘이를 안고 문 밖을 나서면 잘 키워 미인 대회에 내 보내라며 시선들이 모여들었다 의사는 중이염에 선천적 약골이니 실한 울음으로 교환하라 했지만

 포대기에 폭 싸안고 병원을 들락거리자

 - 니는 복도 차암 만타야
 마늘이도 슬금슬금 어머니 눈치를 살피기 시작했다

 반년이 지나가며 늘어난 식구 하나가 버거워졌다

 덜컥 어머니가 몸져눕고 식구들은 마늘이 몰래 밤마다 둘러앉아 회의를 했다 딸아이 얼굴이 해쓱해지던 어느 날

 삼십여 평에서 육십여 평으로 보내지고

 한 달 후 꽃물이 비쳤다는 소식, 곧바로 중성화 수술에 성대 제거 수술까지 받았다고 바람에 실려 온 입소문

 고 어린것 어디에 칼을 댔을까

〈
　목소리 잃어버린 불임의 요크셔테리어가 오늘도 나를 향해 컹컹 짖는다

바람 같은, 나무 같은

바람을 따라간 적 있다
담쟁이가 시계 반대 방향으로 걸어 나가는 바람벽 아래 나무처럼 뿌리내린 사람 있다

부르면 바람이 될 것 같은, 나무가 될 것 같은

경계의 비밀을 열고 들어가 단단한 침묵 한 페이지 꺼내 읽으면 실타래처럼 엉킨 날들이 만져질 것이다

어느 숲에서 걸어 나왔을까

노숙의 나무 한 그루

밤기차 밭은기침이 무일푼의 빈 가지를 흔들고 간다

그 대추나무를 생각함

오래전 가을
나무 아래 서서 입을 열면 나무도 몸을 열었다
다디단 물이 흘러나왔다

등굣길 빈 도시락에서 대추들이 달그락거렸다
선생님은 나를 대추라 불렀다
그때마다 한 됫박씩 익어가던 내 안의 씨앗들

어미는 한 그루 나무였을까
나무 아래 서면 젖 냄새가 났다

먼 발치에 서서

젖이 마른 어미를 바라본다

항아리 살리기

좀들이쌀˚에 나오는 항아리, 꼭 그 항아리가 시댁 장독대에서 비를 맞고 있다고 완도가 전화를 했다

그날부터 빗소리에 젖어 사는 나에게 시어머니 손때 묻은 추억을 서울까지 모셔갈 재간 있겠냐며 섭섭한 계절만 지워쌓더니

추석 연휴 끙끙거리며 달려온 천리 길, 손잡이 떨어져 나간 배불뚝이가 현관문을 들어서자

꽃다발 입에 물리고 리본 걸어주고 거실 한켠이 환해졌는데

가랑잎 두어 해 구르더니 앞 뒤 베란다로 내몰리는 신세, 시 나올 날만 기다리던 완도가 들이닥쳤다 뒷베란다 문이 활짝 열렸다

워메- 여태 시 한 마리 안 나오고 뭐하고 자빠졌다냐 발로 툭 걷어찬다

〈
 얼떨결에 껴안고 더도 덜도 말고 한 동이만 쏟아 부우소서 주문처럼 외우자

이 빠진 먼지 한 동이

덥석 내 손목을 잡았다

* 2008년 평화신문 신춘문예 당선작

구수매 소식

구수매 산 1번지에 민들레부부가 귀농을 했습니다

산이 기슭 한 자락 내주었습니다
무상으로 받은 산자락에 민들레밭을 일궜습니다

서툰 호미질에 달빛이 내려앉고 온 산에 민들레 발자국이 차올랐습니다

나뭇짐을 아장아장 따라나서는 발자국
산마을이 샛노란 걸음마를 시작했습니다

어릴 적 고향 들녘에 우두커니 서 있던 불모산, 구수매가 속씨 같은 입소문을 바람 편에 동봉했습니다

민들레학교를 열었다고
올해는 정원이 꽉 찼다고

민들레책가방 민들레운동화 민들레손수건은 물량이 남아있으니 서둘러 한 번 다녀가라고

〈
　오랜 지병으로 누워있던 사내가 민들레학교에 입학을 하고 병마가 떠나갔다는 추신도 따라왔습니다

4부

정오의 귀엣말

팔월의 정오가 너를 호명할 때

밤을 놓치고 서성이는 시간을 뒤적이며 몇 갈래 우회로를 건너 너에게 닿았네 봉긋한 한 송이

오지 않는 밤을 마중 나왔네

궁금증이 어둠을 풀무질할 때 덜 여문 열 손가락에 손톱달이 매달렸네

물소리로 울었네

열 개의 소리로도 열 수 없는 눈물 속에는 꽃시간이 저물녘을 준비하네 밤에도 낮에도 슬픔이 부풀어 오르네

달을 잃어버린 달맞이꽃 대낮에도 몸을 열고 있네

정오의 귀엣말에 홀려

비행기 두 대가 더 지나갔다

교회당 담 밑 버려진 가죽소파
걸음마를 배우던 신발 한 짝 품고
건널목 신호등을 바라보고

어머니, 몸도 편찮은데 그만 들어가 누우세요 아니다 나는 소파가 편하다 오늘은 하늘이 왜 이리 시끄럽냐 어제보다 비행기 두 대가 더 지나갔다 거실 소파 다리에 기대어 하늘 길을 바라보고

사거리 텅 빈 우체통에 내려앉은 햇살 한 줄 잡고
냉이꽃 하얀 생각 자박자박 올라오고

산비둘기 한 마리
구로동 밤나무골 끌고 와 궁금증을 쪼아대고

삶은 달걀 지하 계단을 올라오자
저만치 푸른 신호등이 길을 열어주고

부활절 오후

〈
비행기 두 대가 더 지나갔다

화살나무 숲을 지나오다

화살나무 숲을 지날 때의 일입니다

가지마다 초록 잎을 틔우고 코르크 날개로 어린잎을 지키고 있는 그에게 다가갔습니다

일시에 시위를 당기던 숲이 내 손목을 덥석 잡았습니다

훅 끼얹는 침묵

그때 화살나무 사립문은 온통 초록이었고
나무 발등에 산수유 꽃잎 한 장 못다 나눈 이야기처럼 서성이고 있었습니다

하루해가 남아있는 숙제를 돌봐주듯 가만가만 숲을 어루만지며 먼 산으로 넘어가는 해 질 녘

나는 시위를 당길 수 없는 아픈 과녁이었을까 화살기도처럼

카악,

〈
 깊어가는 나무의 일생 앞에 산까마귀 짧은 외마디 울음
이 지나가는 저녁 무렵이었습니다

그리고 U는 사진을 찍었다

U가 몇 번씩 손지갑을 여닫으며 사진을 찍는 동안 나는 멀찍이 서서 팔짱을 풀지 않았다

파타야*의 밤무대 막이 내리고 우리는 밖으로 나왔다 무희들은 우리보다 먼저 극장 앞마당에 나와 유리상자 속 인형처럼 웃고 있었다

U는 인형을 하나하나 품에 안고 사진을 찍었다 그때마다 만 원 권 지폐가 볼록한 젖가슴에 들앉았다

우리는 밤거리를 걸었다
U는 더 이상 사진을 찍지 않았고 나는 팔짱을 낀 채 그의 등 뒤를 걸었다

버마의 삼백 년 침략이 性 정체성을 흔들었을까
수명을 50년으로 가위질하며 무대에 오르면 우리는 환락을 사고 환락은 밥을 샀을까

인천공항에 닿았을 때 U의 지갑은 비어있었다

〈

갓 스물에 도착했을 게이 소년들

화려한 생업 뒤에 숨어 사는 눈물을 읽었다고 U가 고개를 끄덕였을 때 무희들은 보이지 않고

밖에는 눈발이 흩어지고 있었다

* 태국 촌부리 주의 도시로 타이만의 동쪽 해안에 있는 휴양지

그 집

초인종을 눌렀다

한 번 짧게
길게 두 번

지난해 다녀간 풀꽃들의 상처가 징검돌처럼 박혀있는 뜨락에 개나리 진달래 비쩍 마른 등 기대는 소리 가득하다

내년 이맘때쯤 내 발자국에도 납작 엎드린 풀꽃들이 피었다 질 것이다

끓어질 듯 이어지는 호흡이 다녀갈 것이다

다시
초인종을 눌렀다

빈 벨소리가 그 집을 한 바퀴 돌아 나온다

목련나무 사생활

사월이 노크도 없이 목련나무 가지 위에 앉았다

개나리집배원이 혼자 살아요 물으면 목련보다 담장 아래 산수유가 먼저 손을 들었다

문밖에 서 있던 만삭의 수수꽃다리가 적막에 발을 묻고 몸을 풀었다

닫힐 것도 닫을 것도 없는 양철대문으로 흐드러진 몸내가 달려왔다

나무는 가지를 낳고
가지는 꽃을 낳고

지난봄
목련네집, *삐뚤빼뚤 크레용 글씨 꾹 잡은 종이문패를 펄럭이는 바람이 읽고 갔다*

빈집이 아니었다

우물은 아버지의 제단이었을까

칠석날 아침 마을 장정들이 우물가로 모여들었다

커다란 도르래가 쉬지 않고 물을 퍼 올렸다

모래 알갱이가 바닥 물을 끌고 올라오면 물옷을 입은 장정이 우물 아래로 내려가는 도르래에 몸을 실었다

물방울들이 모여 커다란 물줄기로 솟아오르는 곳

물의 집 녹슨 관절을 청소하고 물들의 잡념을 끌어모아 밖으로 나올 때 풍악이 울렸다

그날 밤 떡시루가 우물가에 놓였다

물빛 두루마기로 의관 정제한 아버지의 축문이 한 장의 소지로 타 오른 후, 우물은 금줄을 두르고 사나흘 깊은 안식에 들어갔다

누구도 접근할 수 없는 금지구역을 아버지는 합장하고 아침저녁 돌아보았다

〈

우물은 아버지의 제단이었을까

다시 칠월이 오고 하늘이 물빛 두루마기로 펄럭인다

산나리 방문기

곰배령 숲길
누군가 벗어놓고 간 발자국에 산나리 한 송이 피었습니다
발자국에 업힌 나리 두 볼에 꽃빛 차오르고
혼인날이 가까워옵니다

예식장은 천상의 화원

야생화 부부의 축가로 사계절이 피어나고
멧돼지 청년들의 나비넥타이가 하객들 길 안내로 왁자하겠지요

곰배령 숲길에 발자국 한 켤레 벗어놓고 내려옵니다

새들의 도서관

복수박 왕다래가 저 혼자 익어가다 흙으로 돌아가는 곳 가을걷이하던 다람쥐가 양식 한 톨 건네며 길 안내합니다

계곡 물줄기 쉬지 않고 따라와 발아래 찰방이는 너럭바위 입구 목 길게 뽑다 늙어간 고사리 숲에서 방아깨비 부부 달려 나와 발목을 잡습니다

지리산 허리춤 멈춰 서야 보이는 편백나무 위 둥지 한 채, 새들의 도서관을 읽고 가는 바람 발자국 따라 달맞이 출근길이 환하게 열립니다

저 둥근 하늘도서관에 도착하면 헝클어진 어제가 반듯하게 놓여 있을지 몰라 켜켜로 쌓아 올린 가랑잎 책갈피 어디쯤

산까치 아픈 다리 내려놓고 앞산 뒷산 다 읽은 편백나무 의자가 붙박이로 매달려있을지 몰라

하늘 쪽문을 오래 바라봅니다

은내리 청년회

은내리로 가는 거야

떡갈나무 숲을 지나 칡꽃이 익어가는 이정표를 따라 걷는 거야 덩굴손이 건네주는 초록장대 둘러메고 느리게 느리게 걷다 보면 떡갈은 별빛 한 줌 칡은 가을 한 잎 장대 끝에 매달고 가라 손짓하겠지만 하얀 풍경 한 채 매달고 가는 거야

마을 입구에 세워놓는 하얀초록이

빈 마을에 어느새 눈이 내리고 오래전 이곳을 떠난 노루네 고라니네 토끼네가 손잡고 들어서면 이장님 댁 아랫목에 겨울밤을 묻고 잃어버린 청년회를 다시 세우는 거야 회장 자리엔 읍내 공회당에 나가 밭농사 강의를 맡을 고라니 어르신 앉히고 총무를 선출할 땐 손을 번쩍 드는 거야 부족하지만 잘 부탁드린다는 인사말을 따슨 고구마 접시 위에 얹어 돌리는 거야

노영감 고영감 은영감 누구든 다시 오면 청년으로 뒤돌아가는

한 해 한 살씩 젊어지는

나, 은내리로 파릇파릇 돌아가는 거야

기억은 꽃무리를 따라가고

파밭이 흔들리며 주저앉는 길을 걷는다

푸른 이랑을 돌아 나오는 바람은 그날처럼 말이 없다

누군가에게 닿고 싶은 마음이 원기둥 울음 곁을 서성거린다

오지 않을 것을 알면서도 뒤를 돌아본다

납작 엎드린 이랑을 별꽃 무리가 지나간다

내가 퍼다 버린 기억도 꽃무리를 따라 흘러간다

텅 빈 꽃줄기 끝자락에 묻어 놓고 온 기억들 저물어 간다

하얗게 파꽃이 지고 있다

어느 날, 왕십리역

　서로가 마주 서서 바라봅니다 말없이 오래 글썽입니다 중앙선 환승통로가 앞만 보고 달려갑니다

　킬힐을 구겨 신고 겅중거리는 남자, 남자의 구두를 질질 끌고 가는 여자 애인이 애인을 바꿔 신고 5호선 환승통로가 씩씩하게 달려갑니다

　해쓱한 아가씨가 온몸을 뒤틀며 걸어갑니다 숱한 시선들이 그냥 스쳐갑니다 순간, 절뚝이는 청년이 다가와 어깨에 매달린 가방을 들어줍니다 2호선 환승통로가 못 본 척 달려갑니다

　전동열차가 들어설 때마다 이어졌다 끊어지는 분당선 환승통로가 뒤돌아보지 않고 달려갑니다

　환승과 환승 사이 썰물처럼 빠져나가는 무관심들

　왕십리는 오늘도 비가 오지 않았습니다

손거울 나라

그 나라에 닿았습니다

달개비 채송화도 수선화 발치에 오순도순 피었습니다

무릎을 접어야 보이는 작은 나라
뒤뜰에 쪼그리고 앉았습니다

너무 늦게 도착해서
오래 머무르지 못해서
미안하다는 말을 건네자 내가 가는 먼 길을 위해 꽃잎 한 장 손목에 걸어주었습니다

그리고
등 뒤 민들레가 작은 나라로 이주하고 싶다고 쪽지를 건넸습니다

물뿌리개 하나 꽃삽 한 손이면 충분한 수선화 공화국

비닐 포토에 목숨을 담은 풀꽃 난민들이 터를 잡는 간이휴게소 뒤뜰

〈
나는 지금도 먼 그때를 생각하며

조금 더 머무르지 못한 것에 대해
한 발자국 너머 민들레 속사정을 들어주지 못한 것에 대해

후회의 편지를 쓸 때도 있습니다

너는 맨 처음 나무였지

나무아이가 사는 마을로 들어온 지 다섯 번째 木요일이 지나가고 있습니다

빨강목도리 그 아이
내 발자국 소리에 나무를 열고 눈인사를 건넵니다
내가 마을을 떠나면 나무는 닫히고 아이는 온데간데없이 사라집니다

나무아이가 사는 마을에 세 든지 다섯 번째 木요일이 지나가고 있습니다

초록눈망울 그 아이
불어난 장맛비에 외출 길을 되돌아 마을로 달려왔습니다
우산도 없는 아이가 두 팔을 흔들며 나를 기다리고 있습니다

나무야, 너는 맨 처음 아이였지
아이야, 너는 맨 처음 나무였지

〈

 나뭇잎목도리 나무신발 그 아이 치수를 한 발자국 한 발자국 수첩에 옮겨 심었습니다

 수첩을 열 때마다 키가 자라는

 나무아이가 사는 마을을 떠나온 지 다섯 번째 목요일이 지나가고 있습니다

우리들의 수박

수박을 가르며

생각했지요
칼날이 닿자마자 체념한 듯 열어주는 붉은 당신을 한 입 베어 물지 못하고

수박을 가르며

뒤돌아보았지요
여름날은 수박을 핑계 삼아 끝없는 우리들의 수평을 가른 것인데 누구에게도 보여주지 못하고 잘려나간 계절만을 탓하고

수박을 가르며

후회했지요
수박은 갈라도 가르지 않아도 둥근 약속인데…

■ 해 설

집과 길이 지향하는 토포스와 아토포스

박남희(시인·문학평론가)

1. 현대시의 장소성과 시적 지향성

시인이 시를 쓸 때 장소성과 더불어 시적 지향성은 매우 중요한 시적 동인(動因)에 해당한다. 이것은 일정한 장소를 통해서 삶의 안정을 꿈꾸면서도 끝없이 어디론가 나아가고 싶어 하는 인간의 상반된 본성과 무관하지 않다. 시인이 시를 쓰는 행위는 존재론적 집짓기이면서 근원을 향한 길 찾기라고 말할 수 있다. 우리가 사는 우주도 일종의 집이면서 길이다. 지구는 태양으로부터 일정한 거리에 대기권이라는 집을 짓고 그 안에 수많은 생물과 무생물을 키운다. 그러면서도 지구는 동시에 끊임없이 자신의 궤도(길)를 주행한다. 이러한 행위를 통해서 지구는 온전히 살아있는 별로서의 장소성과 지향성을 보여준다.

그리스어로 장소성을 나타내는 말로 토포스Topos가 있다. 이 말은 본래 논거를 발견하기 위한 장소를 뜻하는 개념이었다. 그런데 토포스는 단순한 장소성이 아니라 어떤 말을 만들어가는 밑자리로서 말의 토대를 의미한다. 시인이 시를 쓸 때도 관념에 빠지지 않고 시적 객관성을 확보하기 위해서는 장소성이 필요하다. 하지만 현대시는 이러한 장소성만으로는 역동적 창의성으로 나아가지 못한다. 정체된 장소성은 관습화된 상상력의 테두리에 시를 가둬 둘 위험이 있다. 이것을 탈피하기 위해서는 끊임없이 새로운 장소를 찾아가는 과정이 필요하다. 이러한 과정을 아토포스Atopos라는 개념으로 설명할 수 있다.

아토포스Atopos에서 a는 그리스어에서 not의 의미를 지니고 있어서 문자 그대로 해석하면 '비장소성' 또는 '장소 없음'을 뜻하지만, 이 단어는 끊임없는 독창성으로 인해 어떠한 장소에도 고정될 수 없어서 그 정체를 알 수 없다는 의미로 소크라테스의 대화자들이 그에게 붙여준 이름으로 전해진다. 롤랑바르트가 말한 이러한 개념들은 아토포스가 본질적으로 창의성과 연관되어 있다는 것을 의미한다. 기존의 장소를 벗어나서 새로운 장소를 찾아가는 것 자체에 창의성이 내재되어 있다.

이 글의 텍스트인 김남수 시인의 시를 분석하기에 앞서 문학에 있어서 토포스와 아토포스를 이야기한 것은 그의 시들이 토포스로서의 '집'과 아토포스로서의 '길'과 연관되어 있기 때문이다. 먼저 그의 시 「무아섬」을 읽어보자.

> ***길없음*** ⇒
> 나를 통과시키지 않겠다고 붉은 이정표가 고딕체로 누워있는
> 길 없는 길을 건너가면
>
> 무아에 닿을 수 있을까
> 거기 내가 있을까
> 무아야무아야 부르면 대답해 줄까
>
> 누구는 가는 길이 없다 하고 누구는 돌아오는 길이 없다 하고
>
> 한 걸음 다가서면 한 걸음 물러서고 다시 가면 저만치 멀어지는 섬, 놓고 온 시간들이 밀려왔다 밀려가는 그곳
>
> 무아가 살고 있을까
>
> 아득한 안개 뒤편
>
> ― 「무아섬」 전문

우리가 살아가는 삶은 어떤 의미에서 보면 끊임없는 길 찾기라고 말할 수 있다. 태초에 아담이 아늑한 집으로서의 낙원인 에덴을 잃어버리고 속세로 들어온 후 인간은 자신만의 낙원을 찾아 헤매는 유랑의 삶을 살게 되었다. 하지만 토마스 모어의 『유토피아』에서 '유토피아'라는 말의 뜻이 '어디에도 없는 곳'이었듯이, 인간이 찾아 나서는 이상향은 '어디에도 없는 곳'인지도 모른다. 위의 시의 화자는 '길없음'이라는 이정표를 발견하고도 '길 없는 길'을 건너서 '무아'가 있는 곳으로 향하고 있다. 여기서 '무아'는 만물에는 고정 불변하는 실체로서의 나(實我)가 없다는 뜻으로 범어(梵語)로는 아나트만Anātman이라고 한다. 그러므로 이를 반어적으로 해석하면 '무아'는 무수히 변화하면서 존재하는 '자아'라고 말할 수 있다. 그런데 이 시의 문맥으로 보면 아마도 시인은 '무아'를 초월적 인식으로 도달할 수 있는 '초월적 자아' 정도로 설정하고 있는 듯하다. 여기서 '무아'는 다른 말로 말하면 자신을 비워서 자아의 실체를 온전하게 인식하는 경지로서의 장소성(토포스)이다. 그러나 이 시의 화자가 부단히 도달하고 싶어 하는 장소성으로서의 '무아'는 화자의 질문에 선뜻 대답을 주지 않고 있다. 왜냐하면 그곳은 "누구는 가는 길이 없다 하고 누구는 돌아오는 길이 없다 하고//한 걸음 다가서면 한 걸음 물러서고 다시 가면 저만치 멀어지는 섬"이기 때문이다. 어쩌면 '무아'가 도달하고 싶어 하는 존재의 집으로서의 장소는 "아득한 안개 뒤편"에도 존재하지 않을지도 모른다.

    둥근 것을 보면 아프다

    예리한 칼날이 사과를 둘로 자를 때
    나는 베어지고 다시,
    넷으로 여덟으로 자를 때
    나는 깊숙이 베어지고 사과는 둥글게 젖는다

    그것이 사과의 완성이라고 일러준 아버지, 누군가 사과를 자르는 아침이면 집으로 돌아왔다

    멀리서도 소름이 돋는다고 했다

    그런 날이면
    지금은 멀리 있는 결코 멀지 않은 곳에 있는 아버지의 집에서 종소리가 걸어 나왔다
    주머니 가득 데려온 소리들 더러는 허물어지고 더러는 여물어 가던

    오늘도 사과를 자른다

    넷으로 여덟으로 사과는 완성된다

〈
　나는 자꾸 앓는다

　　　　　　　　—「사과의 완성」 전문

　둥글다는 것은 그 안에 둥근 것으로서의 '집'과 둥근 선이 지향하는 '길'이 다 들어있다. 언뜻 보면 둥근 것이야말로 완성을 의미하는 것처럼 보이지만, 이 시의 화자는 둥근 사과를 칼로 베고 자르는 과정을 통해서 완성을 꿈꾸고 있다. 이러한 사유는 단독자인 둥근 사과는 독자적으로는 완성될 수 없다는 역설을 내포하고 있다. 이 시의 화자가 둥근 사과를 넷으로 여덟으로 나눔으로써 완성된다고 말하고 있는 것은 관계지향적 사유이다. 화자의 이러한 사유는 "지금은 멀리 있는 결코 멀지 않은 곳에 있는 아버지의 집에서 종소리가 걸어 나왔다"는 진술을 통해서 알 수 있듯이, 기독교적 나눔을 통한 사랑을 지향하고 있다. 이는 예수 그리스도가 십자가에 달려 대속의 피를 인류에게 나누어 줌으로써 사랑을 다 이룬 것처럼, 사과는 스스로의 몸을 나눔으로써 완성된다. 하지만 이러한 행위는 그리 쉬운 것이 아니다. 그렇기 때문에 이러한 사과를 지켜보는 화자인 '나'는 자꾸 앓게 된다. 그러므로 '둥근 것을 보면 아프다'는 이 시집의 제목은 '둥근 것만으로는 그대로 온전한 것이 아니다'는 인식의 결과물인 셈이다. 그런 점에서 이 시는 토포스인 사과를 허물어 무수한 길을 내는 아토포스를 지향하고 있다.

2. 변두리 또는 부재의 토포스와 아토포스

김남수의 시를 따라가다 보면 빈집이나 옥탑방, 절벽, 산간, 그늘, 섬, 물가, 길곳간 등과 만나게 된다. 어딘가 외롭거나 비어있거나 소외되어 있는 이런 장소들은 김남수 시인이 지향하고 있는 토포스적 주제가 어떤 주소를 가지고 있는지 짐작할 수 있게 해준다. 따라서 이러한 장소성은 자연스럽게 죽음이나 이별, 가난, 결핍 등의 주제와 연결 된다. 김남수 시인의 평화신문 신춘문예 당선작 「좀들이쌀」만 보더라도 지하실 구석, 둑방길, 골목 등 소외된 곳으로써의 장소성이 드러나고, '좀들이쌀'로 상징되는 '가난' 역시 소외와 결핍으로서의 시적 단초를 보여준다. 시인의 이러한 시적 지향성은 그가 유년시절부터 겪었던 결핍과 무관하지 않을 것이다. "가을이 지나가는 길섶에서 길참외 한 포기를 만난다//벌레가족 식사가 한창이다//온몸이 흠집투성이다//저들의 양식을 위해 혼자 익어간 길곳간 한 채//가을은 곳간에 자물쇠를 채우지 않고 간다"가 전문인 「길곳간」 역시 「좀들이쌀」과 유사한 정서를 느낄 수 있다. 우리네 선조들은 비록 가난하게 살았지만 곳간을 잠가두지 않고 좁쌀 한 톨도 나누어 먹는 습관이 있었다. 이러한 토속적 정서가 김남수 시인의 내면에 자리하고 있는 것은, 그가 냉혹한 문명사회의 이기에 매몰되지 않고 지켜내려는 시인으로서의 순수성 때문이다. 이러한 시인의식은 천상병이나 함민복 시인이 보여준 순수성과 별반 다르지 않다.

다리를 건넜다

징검다리를 건널 때 바람의 허리를 밟았다 어쩔 수 없다고 죄송죄송 몸을 움츠렸지만 바람은 자꾸 울었다 뼈 없는 울음소리 앞세우고 해 질 녘 도착한 변두리 옥탑방 초저녁 머리 위에 떠 있는 조각달처럼 아슬하다 구겨진 운동화 한 켤레가 지키고 있는 현관, 깊숙이 타들어가는 생각 한 개비를 비벼 꺼도 방문은 열릴 줄 모르고

창가에 줄지어 서 있는 빈 술병에서 걸어 나오는 어눌한 목소리

저 소리 해석할 수 없어 닫힌 방문 앞 서성이는데 휙, 휙, 원고 집어던지는 소리 구겨지는 소리

〈
　　신발장 위 철골소심에서 푸른 시 한 촉 올라오고 있
었다

　　　　　　　—「그 집에 도착했다」 전문

　　김남수의 시들은 어디로 향하거나 어느 곳에 도착하는 경우가 많다. 그의 시를 '길과 집의 시학'으로 명명하게 되는 것도 이러한 상황과 무관하지 않다. 위의 시는 '길과 집의 시학'의 전형을 보여준다. 이 시의 화자가 다리를 건너서 가고 있는 곳은 '변두리 옥탑방'이다. 그런데 화자는 옥탑방을 가는 길에 바람의 허리를 밟는다. 그리고 바람은 운다. 여기서 바람의 허리를 밟는 주체는 화자이지만, 그 길이 화자가 걸어가는 길이라는 점에서 바람을 밟는 행위가 단지 타자에게 고통을 주는 행위에 머물지 않고 화자 자신의 고통으로 연결된다. 옥탑방은 '구겨진 운동화 한 켤레'와 '타들어가는 생각 한 개비'가 지키고 있는 집이다. 아마도 이 집은 "창가에 줄지어 서 있는 빈 술병에서 걸어 나오는 어눌한 목소리"라든가 "휙, 휙, 원고 집어던지는 소리 구겨지는 소리"의 정황으로 보아 글쓰는 이가 혼자 사는 집일 것이다. 원고가 구겨지고 있다는 것은 글쓰기가 마음대로 잘 되지 않음을 암시하는 것이지만, 화자는 "신발장 위 철골소심에서 푸른 시 한 축 올라오고 있었다"는 마지막 구절의 진술을 통해서 희망 쪽으로 뻗어가고 있는 글쓰기의 비전을 슬쩍 내비친다. 이 시는 옥탑방의 시인을 만나러 가는 화자의 여정을 통해서 '시의 집'을 향해 가고 있는 시인 자신의 메타언어적 비전을 보여주고 있다. 그러므로 여기서의 '그 집'은 시인이 사는 집이면서 화자가 시인으로서 도달하고 싶어 하는 '시의 집'이다. 그러므로 이 시는 '시의 집'이라는 토포스를 지향하는 메타시로 읽히는 묘미가 있다.

빈집이 여기 있네

누군가 버리고 간 계절을 껴안고 살아가네

익어가는 계절을 한 잎 두 잎 꺼내 읽으며 나도 빈집으로 살고 싶네

사립문 밖 저수지 몇 평 내 안에 들이고 쌀붕어 가족 키우고 싶네

집이 저수지를 저수지가 집을 끌어당길 때 슬며시 따라가면 밤마다 저수지로 내려가 목을 축이고 돌아오는 빈집의 소문

〈

발 디딘 자리마다 출렁이겠네

저수지가 식솔들 먹여 살리려고 부지런히 한 해 농사를 짓고 있네

가을이면 대소쿠리로 퍼주는 양식

낚시꾼 앉았다 떠난 자리에 빈집을 앉히고 깊어가네

―「저수지가 집을 끌어당길 때」 전문

김남수의 시에는 '비어있음'으로서의 이미지가 자주 등장한다. 이 시에 등장하는 '빈집'은 그 대표적인 경우에 해당한다. 여기서 '빈집'은 "누군가 버리고 간 계절을 껴안고 살아가"는 집이다. 일종의 추억의 집인 셈이다. 이러한 '빈집'은 그냥 비어있지 않고 그 주변에 '익어가는 계절'과 저수지의 '쌀붕어' 등을 키우는 집이다. 그런데 "집이 저수지를 저수지가 집을 끌어당길 때 슬며시 따라가면 밤마다 저수지로 내려가 목을 축이고 돌아오는 빈집의 소문"을 알고 있는 화자는 "나도 빈 집에 살고 싶"다는 속내를 드러낸다. 시인으로서의 화자가 이러한 속내를 보여주고 있는 것은 빈집이야말로 진정한 시인이라는 부러움 때문이

다. 문명사회 속에서 아등바등 살아가던 시인이 빈집 같은 마음을 얻기는 그리 쉽지 않다. 시인은 '빈집'과 '저수지'의 은밀한 소통을 통해서 '저수지'를 또 다른 '빈집'으로 인식하고 있다. 이 시의 저수지는 빈집이면서도 "식솔들 먹여 살리려고 부지런히 한 해 농사를 짓고 있"고 가을이면 대소쿠리로 양식을 퍼주는 넉넉한 마음을 가진 빈집이다. 그렇기 때문에 저수지는 "낚시꾼 앉았다 떠난 자리에 빈집을 앉히고 깊어"갈 수가 있는 것이다.

그곳에 도착했다

몇몇은 주섬주섬 길을 챙겨 돌아갈 채비를 서두르고 남은 사람들은 제 몸무늬를 두르고 새벽을 기다렸다

무늬마다 바람소리 파도소리 묻어있다

산다는 게 제 몸에 무늬 한 점 수놓는 일인지 내 몸에서도 물결소리 들린다

길안내로 따라나선 바람은 앞장설 기미가 보이지 않아 등받이 없는 의자에 마주 앉아 바다의 속살에 젖고 있을 때
〈

어둠 너머 해당화 붉은 바람이 건너왔다

내일쯤 어느 먼 바다에 섬으로 닿고 싶은 것일까

멀리 외등대 불씨가 파종한 꽃섬 비단섬 옥섬 칸칸 정박한 집 뭍섬에서 우리는 각자 들고 온 길을 내려놓고

하나의 섬이 되어 가고 있었다

— 「뭍섬에서」 전문

시인은 섬에서 바람소리와 파도소리를 들으면서 "산다는 게 제 몸에 무늬 한 점 수놓는 일"임을 깨닫는다. 시인은 "어둠 너머 해당화 붉은 바람이 건너"오는 것을 느끼면서, "내일쯤 어느 먼 바다에 섬으로 닿고 싶"다는 생각에 자신의 감정을 이입시킨다. 그리하여 시인은 "멀리 외등대 불씨가 파종한 꽃섬 비단섬 옥섬 칸칸 정박한 집 뭍섬에서 우리는 각자 들고 온 길을 내려놓고/하나의 섬이 되어 가고 있"는 자신을 느낀다. 여기서 "각자가 들고 온 길"은 그들이 세상 속에서 살아가면서 짊어지고 온 굴레로서의 길이다. 그러한 짐을 내려놓고 섬이 되고 싶다는 바람은 앞의 시들에서 시인이 지향했던 '빈집'의 정서와 다르지 않다. 혼

탁한 이 세상에서 시인으로 살아가는 일은 세상의 욕망을 내려놓고 '빈집'이나 '외딴 섬'으로 살아가는 일이다.

3. 열림과 소통을 통한 친자연적 상상력

김남수 시인의 시에는 문명과는 멀리 떨어져 있는 청정지역과도 같은 자연이 살고 있다. 그것은 시인 자신이 지향하는 세계가 혼탁한 문명세계보다는 무욕에 가까운 자연이 숨 쉬는 어떤 곳이라는 것을 의미한다. 문명세계는 서로 경쟁하면서 배척하는 일이 많지만, 자연은 있는 그대로의 모습으로 더불어 살다가 더불어 죽는 세계이다. 김남수 시인은 자연의 이러한 모습을 짧은 시를 통해서도 효과적으로 보여준다. "큰길이 작은 길을 업고 간다//길은 길을 뿌리치지 않고 사잇길도 데리고 간다//가끔 가던 길을 멈추고 뒤를 돌아본다//절뚝절뚝 주저앉은 길을 기다려준다//그때마다 더 환하고 부드럽게 익어가는 길//잃어버린 길 다시 찾은 길을 손잡고 간다"가 전문인 「길이 길을 간다」만 보더라도 시인이 자연을 어떠한 눈으로 바라보고 있는지를 금방 알 수 있다. 이렇듯 김남수 시인에게 있어서 자연은 서로 소통하고 상부상조하는 열린 공간이다. 시인의 이러한 친자연적 정서는, 자연이 부재와 결핍이

낮은 허전함을 채워주는 힐링 공간으로서의 토포스적 의미를 지니고 있음을 말해준다.

자드락길이 마을 쪽으로 가고 있다

한 자드락에 들깨밭을 일구고
한 자드락에 땅콩밭을 일구고

올해 농사도 닷 되 한 홉은 될 거라며 따라나선 환삼덩굴이 귀띔을 한다

길에게 물었다

깻잎 서너 장 엽서로 접어가도 되겠냐고
땅콩 서너 알 손톱달로 엮어가도 되겠냐고

깻잎을 따는데 미안한 생각이 들어 여기 파랗게 혼자 있으니 외롭지 말을 건넸다

땅콩밭을 지날 때 눈치 빠른 덩굴손이 얼른 한 포기를 일으켜 세웠다 올망졸망 올라오는 어린 땅콩알들

아니야아니야, 가을에 다시 올게 덜 여문 약속을 흙 속에 묻어 주었다

〈

　맨 처음 길을 열어주는 이에게 한 해 농사 다 내어 주고 업은 길 추스르며 마을 쪽으로 올라가는 산모롱이 외길

　저녁연기가 자드락자드락 마중 나오고 있었다

— 「자드락길」 전문

　자드락길은 낮은 산기슭에 비스듬히 나있는 좁은 길을 가리키는 말이다. 시골길을 가다 보면 자드락길은 흔하게 만난다. 시골에서는 그 자드락길에 들깨밭을 일구기도 하고 땅콩밭을 일구기도 한다. 그럴 때는 자드락길이 작은 농토가 된다. 그런데 화자는 자드락길을 가다가 길에게 질문을 한다. "깻잎 서너 장 엽서로 접어가도 되겠냐고/땅콩 서너 알 손톱달로 엮어가도 되겠냐고"고 지긋이 말을 건넨다. 시인이 '깻잎'을 '엽서'로, '땅콩'을 '손톱달'로 은유하고 있는 것은 자연과 하나가 되고 싶은 시인의 마음을 반영한 것이다. 땅콩을 뽑아 올리는 자신의 손을 "눈치 빠른 덩굴손"으로 비유한 것도 같은 맥락에서 읽힌다. 그런데 뽑아 올린 땅콩을 보니 덜 여물어서 시인은 땅콩을 다시 흙속에 묻어준다. 시골의 인심은 "맨 처음 길을 열어주는 이에게 한 해 농사 다 내어 주"어도 아까워하지 않는 인심

이다. 이처럼 마음이 넉넉한 산모퉁이 외길로서의 '자드락 길'은 시인이 걸어가고 싶은 '시인으로서의 길'이다.

시인은 자연을 본질적으로 열린 공간으로 지각한다. "새가 사선으로 날아오를 때 깃털 하나 다치지 않는 것은//공중이 열려있기 때문//꽃이 파도처럼 피어날 때 꽃잎 한 장 금 가지 않는 것은//계절이 열려있기 때문//강이 쉬지 않고 달려 나갈 때 발가락 하나 부르트지 않는 것은//바다가 열려있기 때문"이 전문인 짧은 시 「너에게 가는 길」에 이러한 정황이 집약되어 있다. 여기서 '너'는 '자연'이면서 '시'이고, 동시에 '사랑'도 될 수 있는 상징으로서의 '너'이다.

그 나라에 닿았습니다

달개비 채송화도 수선화 발치에 오순도순 피었습니다

무릎을 접어야 보이는 작은 나라
뒤뜰에 쪼그리고 앉았습니다

너무 늦게 도착해서
오래 머무르지 못해서
미안하다는 말을 건네자 내가 가는 먼 길을 위해 꽃잎 한 장 손목에 걸어주었습니다
〈

그리고
등 뒤 민들레가 작은 나라로 이주하고 싶다고 쪽지를 건넸습니다

물뿌리개 하나 꽃삽 한 손이면 충분한 수선화 공화국

비닐 포토에 목숨을 담은 풀꽃난민들이 터를 잡는 간이휴게소 뒤뜰

나는 지금도 먼 그때를 생각하며

조금 더 머무르지 못한 것에 대해
한 발자국 너머 민들레 속사정을 들어주지 못한 것에 대해

후회의 편지를 쓸 때도 있습니다

—「손거울 나라」 전문

손거울은 손바닥만 한 거울로 작다는 의미를 포함하고 있지만, 그 작은 손거울 속에 커다란 세계가 있다는 점에서 그 효용성은 크게 확장된다. 시인에게 있어서 자연은 "무릎을 접어야 보이는 작은 나라"로서 '손거울 나라'로 비유된다. 이러한 상상력은 마치 "자세히 보아야 예쁘다//

오래 보아야 사랑스럽다//너도 그렇다!"가 전문인 나태주 시인의 시 「풀꽃」을 연상하게 해준다. 그런데 이러한 '작은 나라'에 시인은 너무 늦게 도착해서 미안한 마음을 드러내고 있다. 그러자 자연은 시인에게 "가는 먼 길을 위해 꽃잎 한 장 손목에 걸어"준다. 그런데 시인이 마주하고 있는 자연은 넓은 들판과 어우러진 곳이 아니라, "비닐 포토에 목숨을 담은 풀꽃난민들이 터를 잡는 간이휴게소 뒤뜰"이다. '손거울 나라'로 비유되는 이러한 협소한 장소성은 소외되고 외진 곳을 지향하는 시인의 성향과 무관하지 않다.

그런데 이러한 '뒤뜰'과 함께했던 삶도 시인에게는 현재적 삶이 아니라 이미 과거가 되어버린 삶이다. 화자는 지금 "먼 그때를 생각하며/조금 더 머무르지 못한 것에 대해/한 발자국 너머 민들레 속사정을 들어주지 못한 것에 대해//후회의 편지를" 쓰고 있다. 시인이 이 작은 자연을 "물뿌리개 하나 꽃삽 한 손이면 충분한 수선화 공화국"으로 표현하고 있는 것은 정희성 시인의 시 「민지의 꽃」을 연상시켜 준다. 강원도 평창군 청옥산 기슭에 사는 제자를 찾아갔을 때 제자의 다섯 살배기 딸 민지가 아침 일찍 일어나 말없이 할아버지 시인의 손을 잡아끌며 저보다 큰 물뿌리개를 들려주고 질경이 나싱개 토끼풀 억새 같은 풀들에게 잘 잤니, 인사를 하는 천진난만한 모습이야말로 '작은 자연'이 아니고 무엇이겠는가. 자연의 눈으로 보면 어떠한 잡초도 예쁜 꽃으로 보인다.

    사방이 열려있는
    계절이 노크도 없이 들어와 익어가는
    노루 토끼 아침저녁 들락거리는

    큰 눈 치운 겨울밤
    쪽잠 다치지 않을까 뒤꿈치 들고 다녀간 노루의 허방 짚은 아침

    죄송죄송 발자국 편지를 읽는

    대문을 떼어낸 자리
    5일장 골목마다 머리 조아리며 받아 온 푸성귀 몇 줌 내어놓는

    사방이 길이고 문인 그런 집이 되고 싶다

    산간 마을 어디쯤 살고 있을,

                         — 「발자국 편지」 전문

요즘도 산간 오지에 가면 버려져 있는 빈집이 많이 있다. 사람이 살다 떠난 빈집은 시간이 지나면서 자연의 여러 군상들이 들어와 사는 자연의 집으로 차츰 변모하게 된다. 이러한 집을 시인은 "사방이 열려있는/계절이 노크도 없이 들어와 익어가는/노루 토끼 아침저녁 들락거리는" 집으로 묘사하고 있다. 그곳에는 "큰 눈 치운 겨울밤/쪽잠 다치지 않을까 뒤꿈치 들고 다녀간 노루의 허방 짚은 아침"이 발자국으로 찍혀있기도 하다. 이처럼 열린 공간으로서의 집은, 집이면서도 그 속에 무수한 길을 품고 있는 작은 우주와도 같은 집이다. 그런 곳에 가면 인간과 자연은 자연스럽게 하나가 되어 하나의 언어로 소통할 수 있게 된다. 이 시의 화자가 노루 발자국을 '편지'로 읽을 수 있는 것도 그 때문이다.

그리하여 시인은 "사방이 길이고 문인 그런 집"이 되고 싶어 한다. 이러한 시인의 바람은 토포스적이면서 동시에 아토포스적 비전이다. 이곳은 "바라보면 끝없는 갈대밭이어서//꽃은 피어서//뒤돌아보면 천지가 꽃그늘이어서//그늘은 여물어서" 시인 자신도 "그늘 아래 순정하게 여물고 싶"(「그늘」)은 그늘과도 같은 곳이다. 시인은 그러한 "꽃그늘에 기대어 하얗게 앓"(「다시, 목련에게」)겠다는 다짐을 한다. '둥근 것을 보면 아프다'는 이 시집의 제목처럼, 시인은 꽃그늘에 기대면 하얗게 앓게 된다. 이것은 자연으로

편입되기 이전의 시인이 자연이 되어가는 통과의례와도 같은 것이다.

잠 속 물궁전 한 채

물문을 열고 들어가네 물방석 위 다소곳한 잠을 보네 젖은 목소리로 너를 부르면 잠을 털고 물 위를 걸어 나오네 정오의 사이렌이 울고 맨발의 네가 혼례청에 들어서네

정오의 신부야
칠월의 꽃각시야

하루 같은 닷새를 피고 닷새 같은 하루를 피고 우리들의 꽃잠도 피었다 지네 돌아보면 신부는 가고

물 위 꽃신 한 켤레 떠 있네

— 「수련」 전문

구운몽처럼 조선시대에 씌어진 몽자류 소설을 보면, 꿈과 현실이 구별되지 않고 주인공의 일생에 파노라마처럼

펼쳐져 있다. 시의 화자는 물 위에 떠 있는 수련을 보면서 "잠 속 물궁전 한 채"를 떠올린다. 은유로 표현된 이러한 수련의 모습은 여성인 화자와 소통하면서 차츰 하나로 일체화되어 나타나고 있다. 화자가 물궁전 속의 수련을 만나기 위해 "물문을 열고 들어"가 "젖은 목소리로" 수련을 부르는 행위나, 수련이 그러한 호출에 반응하여 "물 위를 걸어나"와서 "혼례청에 들어서"는 행위는, 꿈이라는 가상적 현실을 통해서 수련과 화자가 자연스럽게 하나가 되는 과정이다. 그것은 "하루 같은 닷새를 피고 닷새 같은 하루를 피고 우리들의 꽃잠도 피었다 지네"는 진술을 통해서 구체화된다. 수련의 꽃잠은 단순히 수련만의 잠이 아니라 화자가 포함된 '우리들'의 꽃잠인 것이다.

수련을 의인화하여 혼례청에 든 신부를 형상화하고 있는 이 시의 서사는 우화적이다. 이 시집에는 이러한 우화시들이 많이 있다. 김남수 시인은 이러한 우화시들을 통해서 자연과 한층 심화된 이야기의 세계를 꿈꾼다. 자연과 인간이 하나의 이야기로 일체화되는 것은 쉬운 일이 아니다. 하지만 김남수의 시들은 자연이나 인간을 일정한 틀에 가두어두지 않고 풀어놓음으로써 하나가 될 수 있는 터전을 마련해준다. 이것이야말로 김남수 시인이 지향하는 열림과 소통의 시학이다. 이것은 김남수 시인이 지향하는 시적 공간이 토포스적이면서도 아토포스적이라는 것을 의미한다.

이상에서 살펴본 바와 같이 김남수의 시들은 집과 길의 서사를 통해 토포스와 아토포스가 서로 길항하는 관계 속에 있다. 그의 시 속의 길들은 궁극적으로 집을 향해 나아가고 있는데, 그 집은 '무아'와 같은 빈집이고 '길 없음'의 이정표 위에서 집을 찾는 역설로서의 시적 공간이다. 이러한 시적 지향성은 그가 찾아가는 집이 우주와도 같은 '둥근 집'임이 드러난다. 여기서 둥근 집은 집 속에 무수한 길을 품고 있는 우주로서의 집이다. 그런데 시인은 둥근 것을 보면 아프다고 말한다. 그것은 토포스로서의 집 속에 아토포스로서의 무수한 길이 꿈틀거리고 있기 때문이다. 이러한 아픔을 해소하기 위해서 시인은 우화적 서사를 통해서 자연과 일체화를 꿈꾼다. 그동안 그의 내면에 자리잡고 있던 변두리 의식이나 결핍감은 자연과 일체화된 세계 속에서는 문제가 되지 않는다. 그가 자연과 하나 되기 위해서 선택한 것은 천상병이나 정희성, 함민복 시인의 시에서 감지되는 순수성의 세계이다. 김남수 시가 지향하는 순수성은 길과 집을 우주적 자연으로 일체화시키는 '아픈 세계'이다. 이 아픔은 시인이 겪게 되는 존재론적 아픔이다. 이 아픔을 견디면서 토포스와 아토포스의 길항관계 속에서 시인이 펼쳐나갈 '새로운 우주'가 자못 궁금해진다.